Über den Nutzen statistischer volkswirthschaftlicher und völkerrechtlicher Kenntnisse für den Berufsofficier.

Von

Dr. H. Grohmann,
Major a. D.

München.
J. Schweitzer Verlag (Jos. Eichbichler)
1894.

Inhalt.

Vorwort.

Dem Verfasser ist nur eine Quelle bekannt, welche den gleichen Gegenstand, aber allein für die Volkswirthschaft behandelt: „Volkswirthschaft und Heerwesen von Professor Fr. Xav. Neumann. Wien 1869. Wilhelm Braumüller.“ In dieser vierzig Druckseiten umfassenden Schrift heißt es pag. 5: „Unseres Wissens ist man noch in keinem Staate in der richtigen Würdigung volkswirthschaftlicher Kenntnisse soweit gegangen, um deren Studium, wie es gegenwärtig in Oesterreich der Fall ist, in den Unterrichtsplan der militärischen Bildungsanstalten aufzunehmen.“

Eine solche Aufnahme volkswirthschaftlicher, aber auch statistischer und völkerrechtlicher Kenntnisse für die Fortbildung der Berufsofficiere des Deutschen Heeres anzuregen, ist Hauptzweck der vorliegenden Studie. Die Beziehungen zwischen Heer und Volke können dadurch nur einsichtsvollere und ausgleichendere werden, ohne die Disciplin zu lockern oder die Selbständigkeit zu schwächen; den genannten Wissenschaften entsteht ein neues Feld segensreicher Thätigkeit.

Für die Studie selbst bittet der Verfasser allseits um Nachsicht; der Gegenstand ist neu, um so weniger war er zu erschöpfen.

Einleitung.

Es ist bekannt, daß Geschichte, Geographie und Mathematik neben Verständniß namentlich der modernen Sprachen derzeit die Hauptgrundlagen für das Studium der Militärwissenschaften bilden. Und zwar Sprachkenntnisse, um die nothwendigen kritischen Vergleiche des Aufbaues, der Einrichtungen und des Werthmaßes der Armeen der selbständigen Staaten gegeneinander zu ermöglichen, wodurch sie hauptsächtlich Vermittler des Urtheils der Wissenden sind, während Geschichte, Geographie und Mathematik als Basis für den Erwerb militärischer Kenntnisse überhaupt dienen.

Ist es nun mehr kulturelle oder politische Geschichte, physische oder politische Geographie, demonstrative oder speculative Mathematik, welche für letzteren Zweck in den Vordergrund zu treten hat?

Diese Frage führt zur Untersuchung, warum es sich bei der Aneignung militärischen Wissens überhaupt handelt, und je nach dem Ergebniß, ob die genannten Wissenschaften dazu ausreichen, respective auf welche Discipline von ihnen der größere Nachdruck zu legen ist.

Um hierauf correct zu antworten, ist es nothwendig daran zu erinnern, daß militärisches Wissen und Können - wenn auch immer unter besonderer Betonung des Könnens — ein wesentlicher Factor des Staates und seiner Politik ist, der es je nach Bedarf entfaltet, immer aber bereit hält, um sich durch seinen Bestand die ihm unveräußerlichen Grundrechte auf Selbsterhaltung, Achtung, Unabhängigkeit und Verkehr seinen Gliedern und anderen Staaten gegenüber zu sichern.

Wird nun auch die Staatspolitik militärisches Können erst dann einsetzen, wenn diese Grundrechte ernstlich gefährdet sind, so wird es doch allzeit nichts destoweniger und um so mehr Aufgabe militärischen Wissens sein müssen, in der Zeit der Vorbereitung zu diesem Können, eine Zeit deren Dauer stets eine ungewiße bleibt, und daher auch um so dringlicher ausgenutzt werden muß, sich mit dem wahren Werth dieser unveräußerlichen Grundrechte des Staates zu befassen, mithin also das Erkennen dieses Werthes in das Gebiet ihres Studiums aufzunehmen.

Hiezu wird aber die Aneignung kultureller Geschichte wie physischer Geographie neben politischer, demonstrativer Mathematik neben speculativer, auch wenn die erstgenannten Discipline dieser Wissenschaften besonders bevorzugt werden, nicht ausreichen, weil durch ihre Pflege allein der Bevölkerungs- und Wirthschaftsaufbau des Staates sich nicht erkennen läßt, es sei denn, daß Statistik und Volkswirthschaftslehre hinzutreten. Erst in Gemeinschaft mit diesen Wissenschaften kann die Befähigung zur Erkenntniß des wahren Werthes des Staatslebens, und damit seiner unveräußerlichen Güter erworben werden, und sind sie daher besonders berufen militärisches Wissen und Können zu erhöhen. Denn Statistik, ursprünglich die Aufzeichnung von den Staatsmerkwürdigkeiten in Wort und Zahl, und Volkswirthschaftslehre, das Ergebniß der Forschung nach den Elementen, aus denen sich die Gesetze dieser Staatsmerkwürdigkeiten wiederkehrend zusammensetzen, bilden vorzugsweise die Grundlage zur Kulturerkenntniß überhaupt, während die Volkswirthschaft als solche, da in ihr alle Elemente des Staatslebens wirksam sind, die materielle Kultur darstellt. Sie dient der Befriedigung der angeborenen menschlichen Bedürfnisse, diese aber sind der mächtigste innere Zwang zu schöpferischer Arbeit, zunächst um der leiblichen Selbsterhaltung willen, dann um auf dem Boden der bei dieser Arbeit gewonnenen materiellen Ueberschüsse nach Sättigung der sich bildenden geistigen Bedürfnisse zu suchen, Wissenschaft und Kunst aufzubauen. So sind die Blüthen der Kultur von dem Gedeihen der Volkswirthschaft abhängig, in der sie wurzeln.

Wie weit diese Abhängigkeit für die Militärwissenschaften zutrifft, wie weit und warum statistische und volkswirthschaftliche Kenntnisse ihnen beigesellt werden müssen, soll zugleich mit der Dringlichkeit einschlägiger völkerrechtlicher Studien im Nachstehenden näher darzulegen versucht werden.

Allgemeines.

Schon die seit der Erhebung des preußischen Staates vom Jahre 1813 durch Scharnhorst erdachte und angestrebte allgemeine Wehrpflicht, welche beim Beginn unseres Jahrhunderts die Wiedergeburt des zertrümmerten preußischen Staates, gegen Ende desselben die Wiederaufrichtung des deutschen Reiches schuf, fordert als Volksheer im eminenten Sinne des Wortes Jeden, der als Leiter und Führer seiner Glieder berufen ist, zur Forschung nach den Wurzeln seiner Bestandtheile und ihrer Erhaltung auf.

Welches sind nun aber diese Bestandtheile des Volksheeres? Zunächst die körperlich leistungsfähigsten männlichen Individuen der Bevölkerung, und sodann alle diejenigen Materien, welche diese Individuen wehrhaft machen und erhalten, also zur Befriedigung der ihrem besonderen Zweck entspringenden Bedürfnisse dienen. Es entsteht mithin die Nothwendigkeit der Beschaffung von Gütern, die allerdings in diesem Falle zum großen Theil fertig gegeben werden, deren planmäßige Verwendung indessen denjenigen Begriff der Wirthschaftslehre in sich schließt, den man „Verwaltung" nennt, d. h. Beachtung der durch die Wirthschaftslehre erforschten Grundsätze bei der Betreibung wirthschaftlicher Angelegenheiten.[1])

Sehen wir uns die Bestandtheile des Volksheeres vom wirthschaftlichen Standpunkte aus im einzelnen näher an, so sind es bestimmte Theile der Bevölkerung und bestimmte Materien, die in Wechselbeziehung zu einander treten, und zwar, wie schon gesagt, aus der Bevölkerung die körperlich tauglichsten Individuen, aus der Materie Grundbesitz, in der Gestalt von Festungen, Kriegshäfen, Kasernements, Werkstätten, Lager-

---

[1]) Roscher, System.

räumen, Exercierplätzen, Schießplätzen etc.; Inventarien, wie Pferde, Waffen, Kleidung, Kriegsschiffe, Geschirre, Fahrzeuge etc.; Verpflegung in Naturalien und Geld; Unterhaltskosten für Grundbesitz und Inventarien, sowie endlich Versorgungen durch Pensionen. Damit haben wir aber eine vollständige staatlich organisirte Wirthschaft, die, wenn auch sehr kostspielig und zum Heile des Staates nur selten direct productiv[1]), dennoch unbemerkt ihre indirect productive Wirkung durch Bewahrung des Friedens, solange dieser erhalten bleibt, fortdauernd äußert.

Erfordert somit die Verwaltung des Volksheeres wirthschaftliche Kenntnisse, so trifft dies auch für die Organisation desselben und die Kriegführung, also rein militärische Dinge, in eben solchem Maße zu. Denn bei der Organisation handelt es sich um eine zweckentsprechende, also planmäßige Auslese von Mannschaften, Pferden und Materien, mithin um die Benutzung von Wirthschafts-Subjecten und Objecten, bei der Kriegführung zunächst um Bewahrung der nicht ausgehobenen Wirthschaftssubjecte und aller nicht in Gebrauch genommenen Wirthschaftsobjecte des eigenen Staates; dem Feinde gegenüber aber um Vernichtung, respective Aufhebung freier Verfügung über die seinigen.[2])

Welche wirthschaftlichen Kenntnisse muß sich nun der

---

[1]) Durch Beute und Eroberung im Kriege.

[2]) Militärisch aufgefaßt mögen die Ausdrücke Wirthschafts-Subjecte und Objecte hier zunächst befremden, da sie die militärisch technische Sprache Rekruten, respective Kriegsgefangene und Kriegsleute nennt. Aber was giebt denn den Rekruten, Kriegsgefangenen und der Kriegsbeute ihren Werth, doch daß dem Feinde damit die Möglichkeit entzogen ist, sie ferner wirthschaftlich zu verwrnden, in diesem Sinne aber sind sie eben Wirthschafts-Subjecte, respective Objecte. — Siehe auch Moltke. Gesammelte Schriften und Denkwürdigkeiten, Band VII. Schreiben an Bluntschli über Les Lois de la Guerre sur terre: Die größte Wohlthat im Kriege ist die schnelle Beendigung des Krieges und dazu müssen alle nicht geradezu verwerflichen Mittel freistehen. Ich kann mich in keiner Weise einverstanden erklären mit der Déclaration de St. Petersbourg, daß die Schwächung der feindlichen Streitmacht etc. das alleinberechtigte Vorgehen im Kriege riege sei. Nein, alle Hülfsquellen der feindlichen Regierung müssen in Anspruch genommen werden, ihre Finanzen, Eisenbahnen, Lebensmittel, selbst ihr Prestige.

Berufsofficier hiernach aneignen? – Die Verwaltung befindet sich in den Händen der Militärbeamten, welche größtentheils Juristen sind und ihre Wirthschaftskenntnisse als Nebenfach auf der Universität erlernt haben. Nun sind aber die Berufsofficiere in den höheren Stellen Vorgesetzte der Verwaltungsbeamten, mithin müssen sie wenigstens wirthschaftlichen Aufbau kennen, soll nicht ihre Stellung als Vorgesetzte bloß eine disciplinare sein, und das ist doch nicht wünschenswerth, am wenigsten im Kriege, auf den alle Verwaltung und militärische Organisation schließlich abzielt. Diese letztere aber liegt lediglich in den Händen von Berufsofficieren, ist ein wesentliches Moment ihrer Friedensthätigkeit, wird auf ihren Vortrag, wie auch die Formation gesetzlich fixirt und durch ihre Arbeit verwirklicht. Daran schließt sich dann im Kriegsfalle die Operationsthätigkeit, welche nicht bloß die vollendete Organisation der feindlichen Streitkräfte zu vernichten, respective zu lähmen, sondern auch deren Nährboden zu zerstören und zu unterbinden hat. Das ist aber der durch die Wirthschaftssubjecte des Staates erzeugte Wohlstand, die Anhäufung von wirthschaftlichen Gütern allerlei Art.

So ergibt sich für den Berufsofficier der Nutzen volkswirthschaftlicher Kenntnisse nach drei Richtungen: der Verwaltung des Heeres, seiner Organisation und Formation und der Operation mit demselben.

Woher es kommt, daß der Bedarf dieses Nutzens nicht alltäglich zu Tage tritt, liegt für die Verwaltung in der fast ausschließlichen Fernhaltung der Berufsofficiere von derselben, wodurch ein Bewußtsein mangelnder Kenntnisse gar nicht wach wird, für die Organisation und Formation in deren fast regelmäßiger Gegebenheit und nur nöthigen Weiterentwickelung, aber sehr seltenen praktischen Auffindungsnothwendigkeit, und endlich für die Operation in der Unmöglichkeit, ihre vorhin bezeichneten Ziele bei Friedensübungen zum Ausdruck zu bringen. Die Wegnahme eines Proviant- oder Pulvertransportes, die Erstürmung einer befestigten Höhe erfassen diese nicht, und das einzig Mögliche, das Verdrängen aus einem Operationsfelde, durch dessen Besitz wirklich nennenswerthe Wirthschafts-Subjecte und Objecte in die Hand des Siegers gelangen, verliert an

Ueberzeugungskraft, weil der Friede eine spürbare Wirkung ausschließt, und die Anlage der Operation sich im Interesse der eigenen Volkswirthschaft fast nie auf deren Centren und Brennpunkte lenken läßt, d. h. auf diejenigen Punkte, wo die reichsten Werthe und Vorräthe aufgespeichert sind, und die mannigfaltigste physische und materielle Arbeitskraft in ihren Dienst gestellt ist.

Nun könnte es nach den bisherigen Ausführungen den Anschein gewinnen, als ob der Nutzen des Erwerbs statistischer und volkswirthschaftlicher Kenntnisse sich doch gewissermaßen nur auf einen Elitekreis unter den Berufsofficieren beschränken, da nur wenige Officiere Stellungen erreichen, in denen die geforderten Kenntnisse vollauf Verwendung finden können. Dagegen ist zu erheben, daß ein derartiges Urtheil zunächst die bewährte Homogenität des deutschen Officiercorps berührt, welche durchaus die Fernhaltung einer Elite fordern muß, damit jedem Einzelnen das Streben mit Erfolg aufzurücken uneingeschränkt erhalten wird. Wohl aber ist an dieser Stelle zu betonen, daß die isolirte Erziehung der Mehrzahl der Officiere in den Kadettenanstalten sie von Hause aus den bürgerlichen Lebensinstitutionen entfremdet, und daß die nicht aus diesen Anstalten hervorgegangenen Officiere diese Stellung schon in einem Lebensalter erreichen, und Gesellschaftsklassen angehören, wo die Jugenderziehung das wirthschaftliche Leben ebenfalls kaum berührt. Das stellt den Söhnen des arbeitenden Volkes, aus denen die Combattanten des Heeres größtentheils bestehen, und die in der Mehrzahl schon im Knabenalter zu den Praktiken des wirthschaftlichen Lebens herangebildet werden, in diesen Dingen unerfahrene und unkenntnißreiche Vorgesetzte gegenüber. Der lehrende Officier gewinnt in der Regel erst nach längerer Dienstzeit einen Einblick in das wirthschaftliche Leben, aus dem seine Mannschaften kommen, und in das sie wieder zurücktreten, und damit in ihre Gewohnheits- und Urtheilsrichtung, ein Einblick, der gewöhnlich erst in der Stellung als Hauptmann oder Rittmeister erfolgt, und auch dann oft erst auf Kosten von nicht immer glücklich gehandhabten erziehlichen Versuchen.

Vielleicht erfaßt dieser Hinweis die eigentliche Ursache vorkommender Mißgriffe in der Behandlung der Mannschaften, die namentlich bei jüngeren Officieren dadurch entstehen, daß sie keine korrekte Vorstellung von der Schwierigkeit haben, die vielen Rekruten die Aneignung der so wichtigen militärischen Formen in ihrer Kürze und Schärfe bereiten muß, und die nun nicht als Ausfluß der ihnen unbekannten Gewohnheiten des früheren bürgerlichen Berufes ihrer Untergebenen erkannt, sondern auf deren Charakteranlage zurückgeführt wird. Hat man sich aber einmal eine Meinung über Jemand gebildet, so ist es schwer sie zu ändern, um so schwieriger, wenn sie auf einem Urtheilsfehler beruht, den man aus Unkenntniß seiner Wurzeln gar nicht aufzufinden imstande ist.

Der Rekrut hat einen neuen Beruf zu erlernen, zu dem er in den seltensten Fällen Mangel an guten Willen mitbringt, und selbst wo solcher vielleicht anfangs vorhanden ist, wird er in der Regel schon in den ersten Wochen durch das Zusammenleben und den Umgang mit den gleichalterigen und in der Mehrzahl gutgewillten Kameraden erschüttert. Alle Erziehungsfehler wurzeln daher größtentheils nur in der Unkenntniß der Verhältnisse des bürgerlichen Berufslebens, aus dem die Mannschaften kommen, dessen Anschauungen und Formen ihren Geist noch beherrschen, und für die der Lehrer kein Verständniß hat. Ein solches Verständniß aber verleiht eine große persönliche Macht, denn durch kein Mittel kann der erziehende Geist auf seinen Zögling eindringlicher wirken, als durch die Kenntniß seiner innersten Lebensanschauungen, und diese sind bei den Mannschaften in der Regel mehr das Produkt ihres Berufslebens, als früherer häuslicher oder Schul-Erziehung. Auf die Einwirkung auf den inneren Menschen aber kommt es hauptsächlich an, denn die äußere Anstelligkeit ist nur ein Ausfluß des inneren Willens. Diesen zu erziehen ist für das militärische Berufsleben das wichtigste, denn bald muß der Wille des Einzelnen in Reih und Glied sich blind den Formen fügen, bald als Patrouille, Ordonnanz, Melder etc. selbständig und doch im Geist des Auftraggebers handeln können, immer aber erziehlich so fest gefügt sein, daß er im Ernstfalle nicht versagt. Ein solches Resultat durch Gewöhnung an Pflichterfüllung sicher zu stellen, ist vielleicht die einzige Entschuldigung vorkommender Härten seitens des Erziehers, die weit häufiger seinem Uebereifer als der Lust am Uebelthun entspringen, während die nicht seltene Passivität auf der anderen Seite durchweg eine Frucht des wirthschaftlichen Berufes ist, die dieser heute umsomehr zeitigt, als die, bei der ausgebreiteten Arbeitstheilung, oft mechanischen Verrichtungen des Einzelnen, und der bei jedem, auch unverschuldeten und unfreiwilligen Stellungswechsel, durch Ueberfüllung des Arbeitsmarktes eintretende Wettbewerb um einen neuen Platz, den Geist der Pflichterfüllung nicht zu fördern geeignet sind.

Der militärische Beruf ist im ganzen ein idealer, seine seltene Praxis der Krieg. Ihm gegenüber stehen die realen wirthschaftlichen Berufsarten, deren Lebenselement der Friedenszustand ist, und deren Glieder, um diesen mit Erfolg aufrecht erhalten zu können, den militärischen Beruf miterlernen müssen, während umgekehrt die dem letzteren ausschließlich Angehörenden den wirthschaftlichen Berufsarten völlig fern bleiben. Historisch war das nicht immer so. Als der Lehnsritter in den Krieg zog, gehörte er demselben wirthschaftlichen Beruf an wie seine bäuerlichen Hintersassen, die seine Reiterschaar bildeten; als später die Söldnerheere und das Werbethum blühten, waren Führer und Truppe ausschließlich Berufssoldaten. Erst dem Auftreten der Volksheere blieb es vorbehalten beide Zustände zu mischen, und durch die anfangs erheblich längere Dienstzeit bei der Fahne, die geringere allgemeine Bildung und das langsamere Tempo der wirthschaftlichen Entwickelung, einen Mangel verschleiern zu können, den die Gegenwart mit ihrer kürzeren Dienstzeit, ihrem breiteren geistigen und wirthschaftlichen Fortschreiten nothwendig aufdecken muß.

Wirthschaftliche Kenntnisse geben Einsicht in die Berufsarten und ihre Ausübung, und erweitern somit das Urtheil über deren Zugehörige, weil sie die Vorstellung von ihrer Leistungsfähigkeit und von der Rückwirkung des Berufs auf die Charakterentwickelung schärfen, worin namentlich ihr erziehlicher Werth liegt, während ausschließlich technisches Können einzelner Berufsarten, wie es z. B. bei den Unterofficieren häufig der Fall ist, nicht immer die Ein- und Rücksicht fördert, die einer richtigen erziehlichen Behandlung der Mannschaften angemessen ist, denn erlernte Fertigkeiten lassen leicht die Schwierigkeit ihrer Aneignung vergessen und fördern mehr die Stätigkeit als das Urtheil. Daher kommt es im allgemeinen, daß aus der Handarbeit hervorgegangene Herrn härter sind, als solche, deren Vorbildung in Verstandesarbeit bestand. Das Befehlen erfordert die Kunst des Anordnens, richtiges Anordnen aber setzt mehr geübtes Denken als fertiges Können der anzuordnenden Thätigkeit voraus.

Des Weiteren fördern die Kenntnisse der Wirthschaftslehre Achtung vor der Arbeit und die Anerkennung jeder Arbeit, namentlich auch der Hand- und Maschinenarbeit, eine Anerkennung, die in dem Rekruten nicht bloß einseitig eine für Kriegszwecke auszubildende Menschenkraft erblickt, sondern sich bewußt bleibt in ihm ein gleichwerthiges Glied der menschlichen und staatlichen Gesellschaft vor sich zu sehen, dessen ganzes Kapital seine Körperkraft und Geschicklichkeit in seinem bürgerlichen Beruf ist, und das er pflichtgemäß dem Ansehen und der Macht des Staates, wenn er diese zeitig mitzuvertreten berufen wird, bei Unterbrechung seines wirthschaftlichen Erwerbes gegen geringes Entgeld zur Verfügung stellt.

Die Gewährung dieser Anerkennung aber scheint der beste Hebel für die Erziehung des modernen Soldaten zu sein, denn in ihr allein liegt die Erweckung der Pflichterfüllung, die ein sich kritisirendes Selbstbewußtsein voraussetzt, und darin eben besteht der Geist dieser Anerkennung, dessen Förderung der Disciplin mithin nur nützen kann. Mühelos wird das selbstlose Beispiel der Lehrer dies Pflichtgefühl erwecken, wenn die militärische Gliederung, die durch ihre Strenge sich so leicht anbietende und doch oft so schwer verletzende Ueberhebung fortdauernd rücksichtslos ausscheidet, und allein die Ausübung pflichtgemäßer Befugniß hochhält.

Nach diesen Ausführungen mag nunmehr näher auf die Beziehungen eingegangen werden, welche zwischen der Verwaltung, der Organisation und Formation, sowie der Operation des Heeres einerseits, und der Volkswirthschaft andererseits bestehen.

Verwaltung.

Es ist schon hervorgehoben, daß wenn die Ausübung der Verwaltung des Heerwesens auch nicht in den Händen von Berufsofficieren liegt, sondern dazu vorgebildete Militärbeamte dieselbe ausführen, die Berufsofficiere dennoch Kenntnisse und Einsicht davon haben müssen;[1]) ist doch die Spitze der Verwaltung und ein Theil ihrer Leiter in fast allen Staaten — Frankreich hat zuweilen eine Ausnahme davon gemacht — ihrem Kreise entnommen.

Bei der Verwaltung aber zeigt sich die innigste Verbindung mit der Volkswirthschaft, denn sie hat auf das Herbeischaffen der Mittel zur Erhaltung des Heeres im Frieden und zur Führung des Krieges Bedacht zu nehmen. Der Krieg aber ernährt heute den Krieg nicht mehr, Heer und Krieg können heute beide nur durch die Volkswirthschaft ernährt werden, es müssen die Mittel dazu auf jeden Fall aus dem wirthschaftlichen Erwerb genommen werden. Wehe dem, der es anders machen wollte, abgesehen von internationalen Conflicten, würde sein Heer in kürzester Frist ohne Disciplin und damit kriegsunbrauchbar sein. Dann aber schlägt das numerisch schwächere Heer das stärkere auf jeden Fall, so war es von den Perserkriegen bis auf unsere Tage.[2])

[1]) Bronsart von Schellendorff. Der Dienst des Generalstabes. Berlin 1875. I. Theil. Allgemeine Dienstverhältnisse pag. 3. Man könnte diese Definition (die Definition Clausewitz, wozu der Generalstab bestimmt ist) auch heute noch für ganz erschöpfend halten, wenn der Verpflichtung des Generalstabes gedacht wäre, auch seinerseits unausgesetzt die Erhaltung der Schlagfertigkeit und die Förderung des materiellen Wohles der Truppen nach allen Richtungen hin im Auge zu behalten. Zwar sind in jedem größeren Stabe alle Lebenszweige des Heeres durch besondere Personen oder Behörden vertreten, und ihnen liegt naturgemäß die Sorge der Erhaltung in erster Linie ob. Oft aber vermögen sie nicht wegen mangelnder Kenntniß der allgemeinen militärischen Verhältnisse, oder wegen nicht richtiger Beurtheilung einer augenblicklichen Kriegslage, das Wünschenswerthe zu leisten. Der Generalstab bleibt daher verpflichtet, auch hier durch unausgesetzte Verbindung mit den betreffenden Personen anregend und aufklärend zu wirken, wobei der Chef des Generalstabes zugleich in zusammenfassender Weise die Spitze des ganzen Stabes zu bilden hat.

[2]) Das schlagendste Beispiel für diese Behauptungen bleibt immer

Wo aber der wirthschaftliche Factor eine so entscheidende und ausschlaggebende Bedeutung hat, ist die Kenntniß der Wirthschaftsgesetze, also der Wirthschafslehre eine unabweisliche Nothwendigkeit, denn nur sie vermag eine richtige Schätzung der Leistungsfähigkeit der wirklich vorhandenen wirthschaftlichen Quellen zu geben. Das gilt für den Frieden wie für den Krieg.

Man muß die Wirthschaftsgesetze kennen, dann lernt man auch ihre Anwendung. Aus Reglements lernt man sie nicht. Haben doch auch die höheren Militärbeamten, welche die praktische Verwaltung ausüben, sie nicht daraus gelernt, sondern durch ihre Studien auf der Universität, aus denen heraus und in Verbindung mit der Praxis sie die Reglements entwerfen.

Organisation und Formation.[1])

Da es sich bei der Heeres-Organisation und Formation um den Gebrauch von Wirthschafts-Subjecten und Objecten handelt, so finden sich die Quellen zur Einsicht dieser in der Socialstatistik. Aus ihr ersieht man, was zeitig an Menschen vorhanden ist „Bevölkerungsstatistik", ihr Handeln „Moralstatistik", ihre Wirthschaft „Wirthschaftsstatistik". Alle drei aber braucht man, die Bevölkerungsstatistik um den Prozentsatz und die einzustellenden Altersklassen an Mannschaften bemessen, die Moralstatistik um den moralischen Gehalt der ausgewählten Altersklassen prüfen, die Wirthschaftsstatistik um das Maß an Wirthschaftserzeugnissen, welches man gebrauchen will, feststellen zu können.

---

der Feldzug von 1812. Hier versagte französischerseits schon in Polen die Aufrechterhaltung einer geordneten Verpflegung, weil die Größe des Heeres zu den wirthschaftlichen Hülfsquellen und den vorhandenen Straßen und Transportmitteln in dem allerungünstigsten Verhältniß stand.

[1]) Bronsart von Schellendorff. Der Dienst des Generalstabes. Berlin 1875. I. Theil. Vorwort VI. — sondern er (der Generalstabschef) muß auch, um seine Stellung vollständig ausfüllen zu können, mit der Organisation des eigenen Heeres für Krieg und Frieden recht genau vertraut sein. Man glaubt oft diesem Ziele näher zu stehen, als es in der That der Fall ist.

Prüft man eine große Periode innerhalb dieser drei Statistiken, so wird das Ergebniß sein, daß bei steigender Production, wobei man zugleich eine Stabilität der Heeresstärke beobachten kann, die Bevölkerung zunimmt, die Moraldelicte abnehmen, und umgekehrt.

Wie ist es nun zu verstehen, daß eine gewisse Stabilität der Heeresstärke das Steigen der Production begünstigen hilft. Es liegt das in dem Gefühl der Sicherheit, welches diese Stabilität dem Produzenten und Consumenten, und damit der Unternehmungslust nach zwei Seiten hin gewährt, indem so das Steuerbudget nicht wesentlich erhöht wird, und die vorhandene Heeresstärke zur Erhaltung des Friedens ausreicht. Demnach soll ihre Steigerung nur dann eintreten, wenn sie prozentuell mit dem Anwachsen der Bevölkerung sich ausgleicht, also gewissermaßen stabil bleibt, und die Kosten dieses Ausgleichs die Zunahme des Wohlstandes nicht beeinträchtigen.

Andererseits aber darf sie auch nicht herabgesetzt werden, wenn dadurch begründete Kriegsfurcht erzeugt werden kann.

So beeinflussen sich die Entwickelung des Wohlstandes und die Heeresstärke gegenseitig, jedoch mit dem beachtenswerthen Unterschiede, daß dieser Einfluß auf der einen Seite nur einen moralischen, auf der anderen aber einen stets materiellen Werth einschließt. Denn die vorhandene Heeresstärke stellt dem Wohlstand nur einen Wechsel auf evtl. Sicht aus, empfängt aber von diesem stets baar. Deßhalb ist es für die Organisation dringend nöthig, das Staatsbudget zu kennen, den Schuldenstand und die Besteuerungshöhe, um danach das richtige Maaß der Belastung, die korrecte Rücksichtnahme auf die Entwickelung des Volkswohlstandes innehalten zu können. Ist dies Maaß ermittelt, dann muß die Auslese aus dem verfügbaren Material zur Realisirung der Organisation so geschehen, daß der an den Wohlstand ausgestellte Wechsel zutreffenden Falls mit voller Sicherheit eingelöst werden kann. Es muß das Tüchtigste und Beste aus der Volkskraft und der Volksarbeit ausgelesen werden. Wie dies zu verstehen ist, mag an einigen Beispielen gezeigt werden.

Berücksichtigt man zunächst die Wirthschaftssubjecte, so

sind aus ihnen die kräftigsten und geeignetsten auszuwählen, das sind aber vorzugsweise diejenigen Individuen, deren bürgerliche Thätigkeit eine dadurch von Hause aus abgehärtete Natur garantirt. Die Berufsstatistik des deutschen Reichs vom 5. Juni 1882 gibt hierüber Aufschluß, wie dies Tabelle I und II im Auszug zeigt. Darin sieht man, in decennale Altersgruppen getheilt, die „Erwerbsthätigen" und „nicht erwerbend Thätigen" berufsweise, und zwar in Tabelle I nach gezählten Summen, in Tabelle II nach Procenten aufgeführt. Zugleich berücksichtigt diese letztere Tabelle die äußerste Altersgrenze, so daß sich daraus und aus der Bedeutung ihrer Zahlen, als auf eine Einheit (1000) verglichene, ein Bild der Dauer der Zugehörigkeit zu den einzelnen Berufsabtheilungen gegeneinander, und damit der Arbeitszähigkeit, soweit der Beruf diese erzieht, gewinnen läßt. Zweifellos sind die Erwerbsthätigen, durch deren Fleiß die Kulturarbeit der Nation geleistet, d. h. ihre Wirthschaft geführt wird, den nicht erwerbend Thätigen gegenüber auch als die militärisch brauchbareren zu bezeichnen; schon die Berufsangaben in den Tabellen bestätigen dies. Sie sind aber auch, wie Tabelle I zeigt, bei weitem die zahlreicheren, und zwar besonders in der Landwirthschaft, der Industrie und dem Handel. Nun geschieht ja die Zutheilung der einzelnen Individuen aus den Berufsabtheilungen zur Armee nach den gleichen Grundsätzen der Tauglichkeit und Würdigkeit, es ist daher volkswirthschaftlich und militärisch von gleichem Interesse zu zeigen, wie auch bei strikter Befolgung dieser Grundsätze dennoch die Erwerbsthätigen als solche prozentuell mehr und in größerer Zahl zur Armee eingezogen werden, als die nicht erwerbend Thätigen, was sich aus wirthschaftlichen Gründen durch häufigeren Uebertritt der letzteren in die Kategorie der ersteren, als umgekehrt vollzieht. Die Tabelle II bestätigt dies. Wenn auch ihre Spalte 20 für die Berufsabtheilungen F und G der nicht erwerbend Thätigen Relativzahlen aufweist, welche diejenigen der Erwerbsthätigen derselben Spalte übertreffen oder ihnen gleichkommen, so ist hierbei zu erwägen, daß die unter F angegebenen Individuen aus solchen, die sich in Berufsvorbereitung befinden, mithin zum größten Theil später zu den Erwerbsthätigen übertreten, und aus Anstaltsinsassen bestehen, die theils Unwürdige, theils Invalide und Kranke sind, also überhaupt nicht, oder als Insassen von Straf- und Besserungsanstalten doch nur soweit in Betracht kommen, als sie einen Maaßstab für die moralische Qualification der Bevölkerung abgeben. Ferner gehören die unter G aufgeführten „Dienenden" ebenfalls nur zeitig den nicht erwerbend Thätigen an. Das rasche Abnehmen der Relativzahlen beider Berufsabtheilungen in den folgenden Spalten bestätigt dies.

Vergleicht man die Spalten 20 und 21 miteinander, so ersieht man, daß der Proceß des Uebertritts nicht erwerbend Thätiger zu den Erwerbsthätigen sich innerhalb der Decennale der Spalte 20 vollzieht, und daß die stärkste Abgabe Erwerbsthätiger an die nicht erwerbend Thätigen in den Spalten 23, 24 und 25 zum Ausdruck kommt.

Volkswirthschaftlich ist diese Betrachtung von großem Werth, einerseits weil sie in dem unablässigen Bestreben der Bevölkerung, den Erwerbsthätigen anzugehören und den Arbeitsmarkt zu füllen, ein glänzendes Zeugniß für die physische und moralische Gesundheit derselben ablegt, andererseits weil sie zeigt, daß die Armee nur aus den rührigsten Wirthschaftssubjecten besteht, mithin der nationalen Arbeit die leistungsfähigsten Wohlstands-factoren zeitig entlehnt; das aber steigert ihre volkswirthschaftliche Bedeutung ungemein. Es kann daher nicht ohne Interesse sein, hier eine Untersuchung über die Dauer dieser zeitigen Entlehnung einzuschalten.

Bezeichnet man die Friedenspräsensstärke mit p, die Dauer der Dienstzeit bei der Fahne mit d und die Anzahl der militärpflichtigen Jahrgänge eines Heeres mit J, so gibt folgende Formel seine Kriegsstärke K.

$$\frac{p}{d} \times J = K.$$

Hieraus ersieht man: bei Constans der Friedenspräsensstärke und Zahl der militärpflichtigen Jahrgänge vermindert sich die Kriegsstärke im Verhältniß der Zunahme der Dauer der aktiven Dienstzeit, respective vermehrt sich im Verhältniß ihrer Abnahme. Daraus erhellt, daß das zuläßig geringste Maaß der Dienstzeit bei der Fahne die ziffernmäßig größte Kriegsstärke giebt. Nun ist das zulässig geringste Maaß aber ein in Zahlen nicht unbedingt greifbares Object, weil es in der Hauptsache durch menschliche Anlagen bestimmt wird. Indessen wird die Grenze des Minimums, die Sicherung der Kriegstüchtigkeit der Reserven, die Grenze des Maximums, die Bereitstellung einer der Bevölkerungszahl des eigenen Landes und der übrigen Kulturstaaten entsprechende Kriegsstärke sein.

Was den ersten Theil dieser Behauptung „Sicherung der Kriegstüchtigkeit der Reserven" betrifft, so heißt das volkswirthschaftlich ausgedrückt: „Die Reserven müssen gelernte Soldaten sein." Es handelt sich also um die Dauer einer Lehrzeit. Diese hängt, abgesehen von der Fähigkeit des Lehrers, von dem Umfang des Lehrstoffes und der Beanlagung des Lernenden ab, wobei nicht übersehen werden darf, daß hier die Verwerthung des angeeigneten Lehrstoffes, weil sie mit Todesgefahr verbunden ist, die Ueberwindung der Furcht vor dieser Gefahr während der Lehrzeit sicherstellen muß, was, da dies direkt nicht anerzogen werden kann, denn es gilt hier eine psychische Macht, den Selbsterhaltungstrieb niederzuhalten, auf indirectem Wege durch Gewöhnung an unbedingte Unterordnung des eigenen Willens unter den des Lehrers geschieht, eine Unterordnung, die mit Hülfe der Aneignung des formellen Theils der militärischen Ausbildung erstrebt, und durch den intellectuellen Theil derselben — Einsicht in die Nothwendigkeit des formellen Theils, der zugleich die Formen zum Schlagen enthält (Taktik) — gestärkt und gefestigt wird

In Bezug auf den zweiten Theil der Behauptung, welcher als äußerste Grenze der Dienstzeit bei der Fahne die Sicherstellung einer der Bevölkerungszahl des eigenen Landes und der übrigen Kulturstaaten entsprechende Kriegsstärke fordert, muß daran erinnert werden, daß die Kriegsstärke nicht allein durch möglichste Einschränkung der Dienstzeit bei der Fahne, die Einstellung aller Tauglichen vorausgesetzt, sondern auch durch Ausdehnung der Dauer der Militärpflicht erhöht werden kann. Es tritt damit die Frage nach Anfang und Ende der Militärpflicht auf, welche zweifellos da beginnen kann, wo das körperliche

Kraftmaaß zur Aneignung militärischer Ausbildung erreicht ist, und da aufhören muß, wo dies Kraftmaaß soweit gesunken ist, daß es eine nutzbare Verwendung für den Krieg ausschließt.

Es mag die Besprechung der Tabellen nach dieser Abschweifung wieder aufgenommen werden.

Will man sich in den einzelnen Berufsabtheilungen ein Urtheil über die Arbeitszähigkeit bilden, welche zugleich in gewissem Sinne Charakterstätigkeit und Körperkraft ausdrückt, so muß dies aus den Spalten der höheren Lebensperioden der Tabelle II geschöpft werden, denn nur in diesen kommen jene Eigenschaften zum Ausdruck.

Hiebei zeigt sich, daß in den Spalten 23, 24 und 25 die Berufsabtheilung Civilstaats-Dienst etc. voransteht, die übrigen in der Reihe: Häusliche Dienstleistungen etc,, Landwirthschaft, Handel, Industrie; respective in den beiden letzten Spalten: Landwirthschaft, Häusliche Dienstleistungen u. s. w. folgen. Damit nimmt die Landwirthschaft den zweiten Platz ein. Bedenkt man aber, daß die Leistungserfordernisse in der ihr dauernd voranstehenden Berufsabtheilung „Civilstaats-Dienst etc." im allgemeinen körperlich durchaus schonendere sind, so ergiebt sich, daß die Landwirthschaft die größte Arbeitszähigkeit, und damit auch das körperlich brauchbarste Material erzieht.

Was die Lebensperiode der größten Leistungsfähigkeit betrifft, so bringt die Tabelle I diese in den Spalten 12 und 16 durch das Anwachsen der Zahl der Erwerbsthätigen in allen Berufsabtheilungen zum Ausdruck. Es ist dies die Periode vom 20. bis zum 40. Lebensjahr.

Will man die Zahl der in ihr enthaltenen Individuen für militärische Zwecke verstärken, so wird dies naturgemäß und mit Erfolg nur durch Einstellung von geeigneten Erwerbsthätigen aus der vorhergehenden Spalte 8 und Jahrgängen aus der folgenden Spalte 20, in der sich noch ausexercirte Mannschaften befinden, geschehen können; was darüber und darunter ist zu wenig leistungsfähig.

Ueberblickt man die aus den Tabellen I und II bisher gewonnenen Resultate, so weisen sie die für militärische Zwecke geeignetste Lebensperiode und die Berufsabtheilungen nach, denen die zähesten Individuen angehören. Zugleich zeigt Tabelle III die militärisch wichtigsten handwerklichen und technischen Berufsarten und die Zahl der männlichen Erwerbsthätigen in denselben, wobei die dem Militär und der Militärverwaltung angehörenden in solche mit Officiersrang und in Unterofficiere und Gemeine sich gliedern. Dadurch, und weil man weiß wie viel Jahrgänge bei der Fahne dienen, ist es möglich schätzungsweise zu ermitteln, wie viel ausgebildete und nichtausgebildete Mannschaften in den Decennalspalten 12 und 16 der Tabelle I enthalten sind. Ueber die Zahl der in Anstalten befindlichen Untauglichen etc. gibt Tabelle III in der Berufsart F Aufschluß. Ueber die Zahl der Verstorbenen und Ausgewanderten, sowie der militärisch Tauglichen unter den Unausgebildeten, weiß man nichts. Nimmt man an, daß die Ausfälle aus den Spalten 20 und 8 der Tabelle I ersetzt werden können, so stellt das Resultat der Schätzung die Grenze der äußersten militärischen und nationalen Leistungsfähigkeit dar.[1]) Diese aber muß die Grundlage der militärischen Organisation sein, weil sie den faßbaren Werth ausdrückt, den die für den Bestand des Staates unveräußerlichen Rechtsansprüche auf Unabhängigkeit, Achtung, Selbsterhaltung und Verkehr haben.

Sieht man in Tabelle III die verschiedenen Berufsarten an, so sind diese nur soweit aufgenommen, als sie ein directes Interesse für die militärische Organisation haben. In Vollständigkeit zählt die Berufsstatistik unter A 6, B 110, C 20, D 2, E 7, F 8, G und H je eine Berufsart. Diese Zahlen aber, wie sie von hoher wirthschaftlicher Bedeutung sind, weil sie zugleich mit der Mannigfaltigkeit der Berufsarten die vielseitig verschiedene Thätigkeit der Bevölkerung ausdrücken, und damit einen Maaßstab für ihre Intelligenz geben, sind sie es auch für die Armee, die sich aus allen Berufsarten zusammensetzt.

Belehrend sind Vergleiche mit andern Ländern.

So beträgt z. B. nach der Statistique agricole de la

---

[1]) Es ist dies nur eine Schätzung obenhin, um anzudeuten, auf welche Punkte es bei einer genaueren Ermittelung des Gegenstandes hauptsächlich ankommt. Siehe auch Tabelle IV.

France de 1882, pag. 341 bezw. 348[1]) die rein landwirthschaftliche Bevölkerung Frankreichs 6 179 885 männliche Erwerbsthätige, diejenige des Deutschen Reichs nach der mehrfach citirten Berufsstatistik desselben Jahres Seite 2, Spalte 4 nur 5 588 892. Das bedeutet also für Frankreich ein Mehr von 590 993 Erwerbsthätigen in dieser Berufsart, was bei der besonderen Qualification der Landbevölkerung zum Heeresdienst nicht ohne Vortheil ist.

Der Bedarf an Pferden und die nothwendige Verpflegung von Mann und Roß, für die Heeresorganisation gleichwichtig, leiten zur Wirthschaftsstatistik über.

Die Tabelle V zeigt den Pferdebestand des Deutschen Reichs und Frankreichs. Zunächst wird man erkennen, welche Kategorien vom Gebrauch ausgeschlossen sind, sodann aus Vergleich der Spalten 6 und 4, daß, weil die Armeepferde und der größere Theil der Industriepferde aus Vierjährigen und älteren Jahrgängen genommen werden, dies bei den Ackerpferden nicht mehr ganz der Fall sein kann.

Spalte 8 vergleicht die Zahl und Dichtigkeit des Pferdebestandes beider Staaten. In Deutschland ist die Zahl geringer, die Dichtigkeit größer, in Frankreich umgekehrt.

Was den Ausdruck „Werth" in Spalte 11 betrifft, der sich auch in den Tabellen V, VI und VII wiederfindet, so will er hier concret verstanden sein, denn offenbar ist der Werthbegriff des Pferdebestandes der Tabelle V, der Gesammtzahl des Nutzviehstandes der Tabelle VI und des Getreides der Tabelle VII an eine andere Vorstellung geknüpft, als der Werth (Productionswerth) der Schlacht-, Milch- und Wollthiere, des Geflügels, der Eier und der Lapins in Tabelle VI. Beruht er in den ersten Fällen wesentlich auf der Vorstellung von dem Nutzen, welchen qu. Thierarten durch die Summe ihrer wirthschaftlichen Eigenschaften überhaupt haben, so im letzten Falle durchaus nur auf dem eines bestimmten Theils dieser Eigenschaften.

---

[1]) Erschienen 1887 in Paris und Nancy. Seite 348 führt 53 2026 servantes de fermes an, welche zusammen mit den auf Seite 341 angeführten 201 593 forestiers von den dort verzeichneten 6 913 504 travailleurs agricoles abzuziehen sind. Das Resultat ergiebt die obige Zahl der männlichen Erwerbsthätigen.

In gleicher Weise entsprechen die Militärpferde nach der Remontezeit einem anderen concreten Werthbegriff, der nicht bloß in ihrer Verwendbarkeit als Reit- oder Zugpferde liegt, sondern mehr in ihrer Geeignetheit militärischen Zwecken zu dienen, eine Geeignetheit, die ihnen erst durch Abhärtung und Gewöhnung an Schuß, Trommel, Musik, sowie an geschlossenen Massen- und an Einzelgebrauch anerzogen, respective aus ihrer natürlichen Beanlagung herausgearbeitet werden muß.

Aus der Gesammtheit dieser Betrachtungen erhellt, daß die Unterschiede der concreten Werthbegriffe von dem unterschiedlichen Zweck, dem ihre Objecte dienen abhängen. Ohne Rücksicht auf diese Zwecke sind sie undenkbar, und muß es daher einen absoluten Werthbegriff geben, der den ihnen gemeinsamen Ausdruck „Werth" verallgemeinert.

Er wird gefunden durch Beobachtung dessen, was allen concreten Werthbegriffen gemeinsam ist, das aber ist die Bedeutung, welche ein Gut für das Zweckbewußtsein des Menschen hat,[1]) und zwar des wirthschaftenden Menschen, da es sich hier lediglich um materielle, nicht um immaterielle Güter handelt. Damit wird aber, um den Werthbegriff vollständig zu erfassen, die Kenntniß der Begriffe „Gut" und „Wirthschaft" nothwendig, was unmittelbar in die allgemeine Volkswirthschaftslehre hinein leitet.

Zu einem ähnlichen Resultat führt das Verständniß des Begriffs „Durchschnittspreis" der Tabelle V Spalte 12. Im absoluten Werthbegriff sind die Vorstellungen von Gebrauchswerth, Kostenwerth und Tauschwerth eines Gutes enthalten, im Tauschwerth aber steckt der „Preisbegriff" als Ausdruck des Vergleichs der augenblicklichen wirthschaftlichen Werthe zweier Güter miteinander.

Die Tabellen VI und VII haben militärischerseits ein specielles Interesse für die Verpflegung von Mann und Roß, das sich erhöht, wenn man das Bedürfniß an Fleisch, Weizen, Roggen und Kartoffeln per Mann, an Hafer, auch Roggen per Roß auf eine bestimmte Ernährungszeit als Einheit mit den Einzelsummen in den Tabellen vergleicht. Aehnliche Combinationen

[1]) Roscher, System.

kann man mit Spalte 9, Tabelle VII anstellen, wenn man das durchschnittliche Heuerträgniß pro Hektar mit dem Heuconsum pro Pferd auf eine bestimmte Frist in Beziehung setzt.

Im Betreff des Nutzviehstandes, Tabelle VI, Spalte 7 steht die Dichtigkeit und Zahl derselben im Deutschen Reich und Frankreich in dem gleichen umgekehrten Verhältniß zu einander, wie dies für den Pferdebestand beider Länder an anderer Stelle bereits nachgewiesen wurde. Hierbei sind Maulthiere und Esel für Deutschland nicht in Betracht gezogen.

Aus Tabelle VII, Spalte 6 ersieht man deutlich die größere Fruchtbarkeit des französischen Bodens.

Interessant ist es den Werth der wirthschaftlichen Gesammterträgnisse der Tabellen VI Spalte 7 und VII Spalte 7 zu summiren, und statt mit der Gesammtzahl der Einwohner, wodurch die Nutzungsvertheilung auf die Bevölkerung ausgedrückt wird, nur mit der Zahl der landwirthschaftlichen Erwerbsthätigen, als den Erzeugern der hier in Rede stehenden Werthe in Beziehung zu setzen. Die Zahl dieser beträgt im Deutschen Reich 8236496, in Frankreich 6913504, und entfallen demgemäß auf den Kopf derselben 1418 respective 1612 frcs.; das sind 1134 respective 1290 Mark.

Nimmt man ferner z. B. an, es wäre im Deutschen Reich während eines längeren mobilen Zustandes die volle Zahl der männlichen Personen vom 20. bezw. 40. Lebensjahre, unter Deckung der Nichttauglichen aus den nächsten Altersklassen, zum Heeresdienst einberufen, und damit dem wirthschaftlichen Erwerb entzogen, so gehören zu diesen Einberufenen nach Tabelle III Spalte 13 und 17 zusammen 2149008 Erwerbsthätige der Landwirthschaft. Auf die Arbeitsleistung dieser entfallen von dem Gesammtwerth des Nutzviehstandes und Getreides der Tabellen VI und VII mehr als 3 Milliarden frcs., gleich 2,4 Milliarden Mark,[1]) der Restwerth von $8^1/_2$ Milliarden frcs., gleich 6,8 Milliarden Mark, vertheilt sich dann auf die zu Hause gebliebenen 6 Millionen ländliche Erwerbsthätige beiderlei Geschlechts — von denen die Mehrzahl der männlichen im Alter

[1]) Hierbei ist das der höchsten Arbeitsleistung günstige Lebensalter der Einberufenen nicht berücksichtigt.

über 40, respective unter 20 Jahren steht — und denen nun nicht bloß der ganze landwirthschaftliche Erwerb als solcher obliegt, sondern die außerdem noch für die Ernährung der nahezu 11 Millionen nicht erwerbend thätigen Angehörigen Aller zu sorgen haben.[1])

Aehnlich liegen in einem solchen Falle die Verhältnisse für die Erwerbsthätigen der Industrie und des Handels, nur werden die durch den Arbeitsausfall der Einberufenen entstehenden Verluste an mobilem Kapital noch größer sein, weil Production und Umsatz naturgemäß lebhafter als bei der Landwirthschaft sind. Aber darauf kommt es hier weniger an. Es soll nur ein Bild von den enormen Werthen gegeben werden, welche mit der Einstellung ihrer thätigsten Produzenten der Wirthschaft und damit der Kultur im Kriegsfall entzogen werden, sowie von der dann eintretenden Ueberlastung der Vertreter dieser Produzenten.

Operation.

Sie setzt das Vorhandensein eines Feldzugsplanes voraus, der aber nur bis zum ersten Zusammenstoß mit der feindlichen Hauptmacht festzustellen ist. Durch diesen entsteht, je nach dem Ausfall, eine neue Sachlage.[2]) Es ist naturgemäß, daß der Feldzugsplan zunächst die gegenseitige Wehr- und Wirthschaftskraft sowie die etwaiger Verbündeter in's Auge zu fassen hat; sodann die wahrscheinlichen Versammlungspunkte beider Heere, unter besonderer Berücksichtigung der hierzu nöthigen Transport- und

---

[1]) Die Berufsstatistik des Deutschen Reichs vom 5. Juni 1882 pag. 4 führt im ganzen 8236496 Erwerbsthätige beiderlei Geschlechts und 19225455 der Laudwirthschaft angehörige Personen auf.

[2]) Moltke. Gesammelte Schriften und Denkwürdigkeiten. Baud III, Seite 8. Es ist eine Täuschung, wenn man glaubt, einen Feldzugsplan anf weit hinaus feststellen und bis zu Ende durchführen zu können. Der erste Zusammenstoß mit der feindlichen Hauptmacht schafft, je nach seinem Ausfall, eine neue Sachlage. Vieles wird unausführbar, was man beabsichtigt haben mochte, Manches möglich, was vorher nicht zu erwarten stand. Die geänderten Verhältnisse richtig auffassen, daraufhin für eine absehbare Frist das Zweckmäßige anordnen und entschlossen durchführen, ist Alles, was die Heeresleitung zu thun vermag.

Verpflegungsmittel, namentlich für das eigene. Diese müssen nach vollendeter Versammlung über den Zeitpunkt der Aufklärung der gegnerischen Maßnahmen hinaus sichergestellt werden.

Sind die Maßnahmen des Gegners erkannt, so folgt der Versuch sie zu eigenem Vortheil auszunutzen. Das geschieht in der Regel durch Offensivbewegungen, denen sich eventuell der allgemeine Vormarsch anschließt. Kommt es zum Zusammenstoß mit der feindlichen Hauptmacht, so bildet dieser, sonst auch das Ausweichen derselben, oder das Ausweichen vor derselben einen ersten Abschnitt. Damit ist eine der beiden Parteien in das Territorium der anderen eingedrungen, und beginnt nun für erstere die Ausbeutung der wirthschaftlichen Kräfte des feindlichen Landes, zu deren Kenntniß die Bevölkerungsstatistik die Grenzen seiner Wehrkraft, die Wirthschaftsstatistik den Reichthum seiner Boden- und industriellen Erzeugnisse, sowie deren Stapelplätze und die Verkehrsmittel aufführt.

Die Nothwendigkeit und der Umfang dieser Kenntnisse wächst mit der Dauer des Krieges, da auch die Neutralen [1]) Freund oder Feind werden können. Der Calcül über die militärischen, politischen und wirthschaftlichen Kräfte [2]) dieser bestimmt das Verhalten ihnen gegenüber, giebt ihrem Einfluß das Maaß seiner Bedeutung. Immerhin muß der Gedanke festgehalten werden, daß heute bei einem Conflict zweier Kulturstaaten alle übrigen mehr oder weniger in Mitleidenschaft treten, das liegt an der lebhaften Entwickelung ihrer wirthschaftlichen Beziehungen zu- und untereinander.

Diese Beziehungen in ihren mannigfachen Arten eventuell

---

[1]) Im Gegensatz zu den völkerrechtlich Neutralisirten.

[2]) Die militärischen Kräfte hängen von den wirthschaftlichen ab. Siehe auch von Clausewitz. Vom Kriege. Berlin 1834, III. Theil, pag. 103. Um also das Maaß der Mittel kennen zu lernen, welche wir für den Krieg aufzubieten haben, müssen wir den politischen Zweck desselben unsererseits und von Seiten des Feindes bedenken; wir müssen die Kräfte und Verhältnisse des feindlichen Staates und des unsrigen, wir müssen den Charakter seiner Regierung, seines Volkes, die Fähigkeiten beider, und alles das wieder von unserer Seite, wir müssen die politischen Verbindungen anderer Staaten und die Wirkungen, welche der Krieg darin hervorbringen kann, in Betracht ziehen.

durch Verträge zu regeln, Conflicten vorzubeugen und solche beim Eintritt im Interesse Aller thunlichst zu begleichen, respective ihre störende Wirkung zu beschränken, sowie ihren Austrag in einer der zeitigen Kulturhöhe entsprechenden Form zu halten, ist Aufgabe des Völkerrechts.

Völkerrecht.

Es erläutert zunächst die aus innerer Nöthigung sich ergebenden und durch Gewohnheit und Uebung in Anwendung stehenden Grundrechte[1] jedes Kulturstaates, gibt die aus der Erfahrung geschöpften Schutzmittel zur Aufrechterhaltung derselben an die Hand, und führt diese über die Ausgleichversuche unter streitenden Staaten durch den Krieg bis zum Friedensschluß und Postliminium auf, indem es die Subjecte und Objecte der völkerrechtlichen Beziehungen, das Verkehrsrecht und die Verkehrspflichten der Staaten, das Repräsentations- und Verhandlungsrecht derselben, sowie endlich die völkerrechtlichen Streitigkeiten und ihre Entscheidung darlegt.[2] Die letzteren werden zunächst der wichtigere Theil zur Aneignung für den Berufsofficier sein, die ersteren das Verständniß jener erleichtern.

Es ist wohl der Einwand gemacht, was Rechtssätze nützen sollen, deren Anerkennung im unbequemen Falle eventuell doch

---

[1]) Das Recht auf Selbsterhaltung, Achtung, Unabhängigkeit und Verkehr.

[2]) von Clausewitz. Vom Kriege. Berlin 1834, III. Theil, pag. 140. Wir behaupten dagegen: Der Krieg ist nichts als eine Fortsetzung des politischen Verkehrs mit Einmischung anderer Mittel. Wir sagen mit Einmischung anderer Mittel, um damit zugleich zu behaupten, daß dieser politische Verkehr durch den Krieg selbst nicht aufhört, nicht in etwas ganz Anderes verwandelt wird, sondern daß er in seinem Wesen fortbesteht, wie auch die Mittel gestaltet sein mögen, deren er sich bedient, und daß die Hauptlinien, an welchen die kriegerischen Ereignisse fortlaufen und gebunden sind, nur seine Lineamente sind, die sich zwischen den Krieg durch bis zum Frieden fortziehen. Und wie wäre es anders denkbar? Hören denn mit den diplomatischen Noten je die politischen Verhältnisse verschiedener Völker und Regierungen auf? Ist nicht der Krieg bloß eine andere Art von Schrift und Sprache ihres Denkens? Er hat freilich seine eigene Grammatik, aber nicht seine eigene Logik.

der Krieg entscheiden muß, und diesem, als einem Gewaltakt, lassen sie sich nicht octroyiren. Dagegen läßt sich sagen: Die völkerrechtlichen Bestimmungen gleichen im allgemeinen ihrem Ursprunge nach vielfach den „Usancen" im Handel. Klagen wegen Verletzung dieser führen eventuell zu richterlicher Entscheidung. Im Völkerrecht ist diese richterliche Entscheidung unter Umständen das Schwert. Nun beruht aber das Verhalten der Belligerenten während des Kriegszustandes wiederum auf „Usancen", die das Völkerrecht aufführt. Gegen eine Verletzung dieser giebt es allerdings keine Autorität, indessen tritt an ihre Stelle in der Regel die heilsame Ueberlegung solche Verletzungen zu unterlassen, einerseits um nicht durch Verrohung der Truppen die Disciplin zu schädigen, andererseits um nicht der etwa nöthigen guten Dienste der Neutralen verlustig zu gehen. Wären diese Gründe nicht thatsächlich und wirksam vorhanden, so ist nicht einzusehen, wie sich überhaupt Usancen für die Kriegführenden herausgebildet haben sollten.

Schluß.

Ist es in den bisherigen Darlegungen versucht worden den Nutzen statistischer, volkswirthschaftlicher und völkerrechtlicher Kenntnisse seitens des Berufsofficiers für die Verwaltung, Organisation und Formation, sowie die Operationen des Heeres nachzuweisen, so erübrigt nun noch einiges über den Weg der Aneignung dieser Kenntnisse zu sagen. Da scheint es denn zunächst am zweckmäßigsten die Prinzipien der Wirthschaftslehre aus wirthschaftsgeschichtlichen Vorträgen und an der Hand statistischen Materials zu entwickeln. Die Wirthschaftsgeschichte ist ein Hauptfactor der Kulturgeschichte, und schließen sich so ihre Lehren den geschichtlichen Kenntnissen der Berufsofficiere bequem an. In ähnlicher Weise läßt sich der Erwerb der nothwendigsten völkerrechtlichen Kenntnisse, soweit diese über die Streitigkeiten und ihre Entscheidung nicht hinausgehen, an der Hand kriegsgeschichtlicher Beispiele herbeiführen. Immerhin wird jedoch ein didaktischer Vortrag, der die ganze Materie des Völkerrechts umfaßt, um so mehr vorzuziehen sein, als es, in seinen Grundzügen scharf und klar durchdacht und ebenso fortentwickelt, eine vortreffliche Verstandesübung bildet.

Auf welchen Anstalten diese Wissenschaften zu lehren sind, wird neben der Fülle der rein militärischen Aufgaben, die Reife ihrer Insassen entscheiden müssen. Was diese betrifft, so dürften wirthschaftliche Umrisse und das Verständniß statistischer Zahlen wohl anstandslos dem geschichtlichen und mathematischen Unterricht in den höheren Klassen der Kadettenanstalten anzuschließen sein, während die Kriegsschulen den Erwerb der nothwendigsten völkerrechtlichen Kenntnisse zu bieten hätten. Dadurch wäre dann denjenigen Berufsofficieren, welche die Kriegsakademie nicht besuchen, die nöthige Anregung und Vorkenntniß zu eigenen statistischen, wirthschaftlichen und völkerrechtlichen Studien geboten, während die Kriegsakademie, durch obligatorischen Unterricht in diesen Wissenschaften, den Kadettenanstalten und Kriegsschulen das nöthige Lehrerpersonal vorbilden könnte.

Tabelle I.

Auszug aus der Berufsstatistik des Deutschen Reichs vom 5. Juni 1882. Berlin 1884. Seite 86 bis 91.

A. Berufsabtheilungen.

	Berufsabtheilung.	Die (männliche) Bevölkerung im Alter von .... Jahren. 15 bis (noch nicht) 20	20 bis 30	30 bis 40	40 bis 50	(20 bis 40)
	1	8	12	16	20	(12 u. 16)
	Erwerbsthätige in:					
A	Land- und Forstwirthschaft, auch Thierzucht und Fischerei .	848016	1151089	1041172	1000635	2192261
B	Industrie, einschl. Bergbau und Bauwesen	841666	1410106	1227532	850064	2637638
C	Handel und Verkehr, einschl. Gast- und Schankwirthschaft .	126784	284980	334482	263735	619462
D	Häusliche Dienstleistung und Lohnarbeit wechselnder Art .	18536	29293	28421	36494	57714
E	Staats-, Gemeinde-, Kirchen- etc. Dienst auch in s. g. freien Berufsarten	46152	501585	132950	97684	634535
	Hierzu nicht erwerbend thätige Personen, nämlich:					
F	Selbstständige und Anstaltsinsassen, welche überhaupt nicht oder nur nebensächlich erwerbend thätig sind . . .	65222	57750	44962	53629	102712
G	In der Haushaltung ihrer Herrschaft lebende Dienende für häusliche (nicht gewerbliche) Dienste	10737	17929	5682	2509	23611
H	Haushaltungs-Angehörige, welche überhaupt nicht oder nur nebensächlich erwerbend thätig sind	152257	53001	17770	12730	70771
	Männliche Gesammtbevölkerung (A—H).	2103183	3518413	2863309	2326546	6338604

Tabelle II.

Auszug aus der Berufsstatistik des Deutschen Reichs vom 5. Juni 1882. Berlin 1884. Seite 450 und 451.

Verhältnißzahlen.

Beruf. Berufsabtheilung. Bezeichnung	Benennung.	Von 1000 Personen männlichen Geschlechts stehen im Alter von … bis unter … Jahren: 15 bis 20	20 bis 30	30 bis 40	40 bis 50	50 bis 60	60 bis 70	70 und darüber
1	2	19	20	21	22	23	24	25
	Erwerbsthätige aus A, B und C ohne Unterscheidung der Berufsstellung:							
A	Land- und Forstwirthschaft, auch Thierzucht und Fischerei	149,0	202,0	182,6	175,5	140,5	91,4	26,5
B	Industrie, einschl. Bergbau und Bauwesen	159,7	267,6	233,0	161,3	95,6	49,5	12,2
C	Handel und Verkehr, einschl. Gast- und Schankwirthschaft	99,6	224,0	262,0	207,3	122,1	58,9	14,7
	Erwerbsthätige aus D und E:							
D	Lohnarbeit wechselnder Art und häusliche Dienste . .	57,8	196,4	274,9	213,1	144,5	84,8	21,6
E	I. Militairdienst, einschl. Militairverwaltung . . .	35,8	894,3	47,3	14,9	5,7	1,6	0,4
	II. Civilstaats-, Gemeinde- etc. Dienst u. s. g. freier Beruf	64,6	210,2	240,5	196,0	153,9	94,8	31,7
	Ueberhaupt nicht oder nur nebensächlich erwerbend thätige Personen:							
F	I. Selbstständige ohne Beruf und ohne Berufsangabe	3,0	16,1	46,9	79,3	155,6	327,8	371,1
	II. In Berufsvorbereitung oder -Weiterbildung Begriffene und Anstaltsinsassen	288,1	229,1	111,8	87,9	60,0	53,6	51,1
G	Dienende für häusliche Dienste, im Haushalt der Herrschaft lebend	252,6	421,7	133,7	59,0	37,4	26,0	12,3
H	Angehörige	18,8	6,6	2,2	1,6	2,9	9,7	14,9
	A—H. Die gesammte (männliche) Bevölkerung (22 150 749).	95,0	158,8	129,3	105,0	75,4	52,0	24,6

Tabelle III.

Auszug aus der Berufsstatistik des Deutschen Reichs vom 5. Juni 1882. Berlin 1884. Seite 92 bis 164.

B. Berufsarten.

Berufs-Abthlg. und Nummer	Berufsart.	Die (männl.) Erwerbsthätigen im Alter von .... Jahren. 15 bis (noch nicht) 20	20 bis 30	30 bis 40	40 bis 50
1	2	9	13	17	21
A	Land- und Forstwirthschaft, auch Thierzucht und Fischerei.				
	I. Landwirthschaft, auch Thierzucht und Gärtnerei.				
1 bis 3	Landwirthschaft etc.	89302	1131594	1017414	976314
	II. Forstwirthschaft, auch Jagd und Fischerei.				
4	Forstwirthschaft und Jagd . . .	6008	14269	18734	19947
5 bis 6	Fischerei etc.	2706	5226	4924	4374
B	Industrie, einschließlich Bergbau und Bauwesen.				
22	Ausführung von Grob- (Huf-) Schmiedearbeiten	31311	43505	32785	23569
28	Schiffsbau	1836	4595	5405	4216
29	Verfertigung von Schußwaffen .	922	1741	1985	1368
35	Apotheken	1597	4238	2994	1820
37	Explosivstoffe und Zündwaaren .	587	1565	1598	987
57	Seilerei und Reepschlägerei, auch Fabrikat. von Netzen, Segeln etc.	2371	3305	3680	3191
62	Verfertigung von Riemen und Sattlerarbeiten	12906	14564	11213	7533
74	Bäckerei und Conditorei . . .	47022	49261	31444	22112
77	Fleischerei	29643	36846	25172	15475
86	Schneiderei	43094	54261	51636	41512
91	Schuhmacherei	87388	105168	87412	60169
C	Handel und Verkehr, einschl. Gast- und Schankwirthschaft.				
10	Post- und Telegraphenbetrieb . .	4108	15228	18477	16303
11	Eisenbahnbetrieb mit Ausschluß des Straßenbahnbetriebs . .	2719	27200	66171	47722
15	See- und Küstenschiffahrt . . .	4638	7867	6975	4641
16	Binnenschiffahrt	5654	11243	11245	9202
17	Hafen- und Lootsendienst etc. . .	65	435	995	1039
E	Staats-, Gemeinde-, Kirchen- etc. Dienst, auch f. g. freie Berufsarten.				
1 a. b.	Militair u. M.-Verwaltg. einschl. M.-Aerzte a) mit Offiziersrang	172	6750	7065	4112
	Militair u. M.-Verwaltg. einschl. M.-Aerzte b) Unt. u. Gemeine	16003	397311	14288	2636
5	Krankendst. etc., auch Veterinärwsn.	339	5600	7577	5563
	Hierzu nicht erwerbsthätige Personen, nämlich:				
F	Selbstständige und Anstaltsinsassen, welche überhaupt nicht oder nur nebensächlich erwerbend thätig sind.				
4	Insassen von Inval.-Versorgungs- und Wohlthätigkeitsanstalten .	455	512	732	1174
6	Insass. von Siechen- u. Irrenanstlt.	904	3199	5166	5084
7	Insass. v. Straf- u. Besserungsanstlt.	2995	17377	17318	11779
	Summe F	4354	21088	23216	18027

Tabelle IV.

Bevölkerungsstatistik.

Zusammenstellung aus den Tabellen I und III zur Ermittelung der militärisch verwendbaren Bevölkerung.

Berufsabtheilung.	Die männliche Bevölkerung im Alter von .... Jahren.		
	15 bis (noch nicht) 20	20 bis 40	40 bis 50
1	2	3	4
A bis H der Tabelle I	2103183	6338604	2326546
Davon ab: Tab. III } F Ziffer 4, 6, 7 .	4354	44304	18027
Davon ab: Tab. III } E Ziffer 1 a u. b .	16175	425414	6748
Rest	2082654	5868886	2301771

Nimmt man an, daß in der Spalte 2 auf die beiden ältesten, in der Spalte 4 auf die fünf jüngsten Jahrgänge zurück- respekt. übergegriffen werden kann, um den listlich bekannten Abgang an Ausgebildeten und den durch Musterung festzustellenden Ausfall an Verstorbenen und Ausgewanderten, an körperlich Ungeeigneten und an Unabkömmlichen unter den Nichtausgebildeten der Spalte 3 zu decken, so findet sich hierzu in der Spalte 4 noch ein gewisses Reservoir ausgebildeter Mannschaften.

Tabelle V.

Wirthschaftsstatistik.

Zusammenstellung aus der Statistique agricole de la France 1882.
Paris 1887. Seite 187 bis 192
und der Betriebsstatistik des deutschen Reichs.
Neue Folge. Band V. Berlin 1885. Einleitung Seite 13.
Viehzählung am 10. Januar 1883.

1	Pferde.		
2	Kategorien etc. etc.	Länder: Deutsches Reich	Länder: Frankreich
3	1	2	3
4	Zuchthengste	13822	8285
	Zuchtstuten	.....	190199
	Dreijährige und ältere	2949328	2098875
	Ein- bis dreijährige	369373	351796
	Unter 1 Jahr	190022	188797
5	Zusammen	3522545	2837952
6	Davon dienen der Ackerarbeit	2537436	2099000
	Davon dienen der Industrie	613425	
	Davon dienen der Armee	107147	
7	Zusammen	3258008	
8	Es entfielen auf 100 Einwohner	7,7	7,53
	Es entfielen auf 100 Hektar	6,5	5,37
9	Es betrug 1883 Einfuhr	76636	19136
	Es betrug 1883 Ausfuhr	19197	17185
10	Mehreinfuhr	57439	1951
11	Werth des Pferdebestandes (fr.)	2696000000	1361372035
12	Durchschnittspreis (fr.)	595	

Tabelle VI.

Wirthschaftsstatistik.

Zusammenstellung aus der Statistique agricole de la France 1887.
Paris 1887. Seite 179 bis 251
und der Betriebsstatistik des Deutschen Reichs.
Neue Folge. Band V. Berlin 1885. Einleitung Seite 13. Viehzählung am 10. Januar 1883 und Uebersicht Seite 313.

Größe des Nutzviehbestandes.

1	Kategorien etc. etc.	Länder: Deutsches Reich	Länder: Frankreich
2	Pferde	3522545	2837952
	Maulthiere		250673
	Esel		395853
3	Rindvieh	15786764	12997054
	Davon Arbeitsthiere	3279722	1518000
4	Mithin Zucht- und Schlachtthiere	12507042	11479054
5	Schafe	19189715	23809433
	Schweine	9206195	7146996
	Ziegen	2639994	1851134
6	Gesammtzahl des Nutzviehs	50345213	49289095
7	Werth der Gesammtzahl (fr.)	6960000000	5775441000
	Davon entfallen auf 100 Einw. (fr.)	15250	15331
	Davon entfallen auf 100 Hectar (fr.)	12875	10926
8	Productionswerth der Schlacht-, Milch- u. Wollthiere pr. anno (fr.)	3300000000	2868910000
9	Productionswerth des Geflügels, der Eier und Lapins (fr.)		319387230

Maulthiere und Esel haben nur deshalb Aufnahme gefunden, weil ohne sie der Werth der Gesammtzahl etc. in Spalte 7 für Frankreich nicht hätte zum Ausdruck gebracht werden können.

Tabelle VII.

Wirthschaftsstatistik.

Zusammenstellung aus der Statistique agricole de la France 1882.
Paris 1887. Seite 5 bis 98.

Getreide, Kartoffeln und Wiesen.			
1	Kategorien etc. etc.	Länder: Deutsches Reich	Länder: Frankreich
2	Weizen und Spelz . . (Hectl.)	36808000	129338676
3	Weizenanbau und Ertrag: Von 100 (Hectar) .	26,0	28,0
	Weizenanbau und Ertrag: Auf 100 Ew. (Hectl.)	571	785
4	Einfuhr nach Abzug der Ausfuhr in (Meterzentner)	2414000	13522000
5	Roggen . . . . (Hectlt.)	88821000	28560461
	Gerste . . . . "	36226000	19256500
	Hafer . . . . "	94924000	90798373
6	Production incl. Mengkorn, Mais, Buchweizen, Hirse . (Hectl.)	257900000	295731857
	d. h. pro 100 Einw. "	571	785
	d. h. pro 100 Hectar "	1853,4	1963,7
7	Werth incl. Mengkorn, Mais, Buchweizen, Hirse und Stroh (fr.)	4721407655	5375225449
	d. h. pro 100 Einw. . . . . (fr.)	10440	14268
8	Kartoffeln . . (Meterzentner)	211040000	101000000
9	Künstlicher und natürlicher Graswuchs . . . . . (Hectar)	6516713	5826540
	d. h. auf 100 Einw. . (Hectar)	14,41	16,56

FSC
www.fsc.org
MIX
Papier | Fördert gute Waldnutzung
FSC® C083411

Kolibri 360 GmbH
Ferdinand-Jühlke-Straße 7
99095 Erfurt, Deutschland
produktsicherheit@kolibri360.de